Lenguaje corporal

Desvelando los secretos de la comunicación no verbal de un macho y una hembra alfa, incluyendo cómo analizar a las personas, mejorar sus habilidades sociales y desarrollar carisma

© Copyright 2019

Todos los derechos reservados. Ninguna parte de este libro puede ser reproducida de ninguna forma sin el permiso escrito del autor. Los reseñantes pueden citar pasajes breves en los comentarios.

Cláusula de exención de responsabilidad: Ninguna parte de esta publicación puede reproducirse o transmitirse de ninguna forma ni por ningún medio, mecánico o electrónico, incluidas fotocopias o grabaciones, ni por ningún sistema de almacenamiento y recuperación de información, ni transmitirse por correo electrónico sin la autorización escrita del editor.

Si bien se han realizado todos los intentos para verificar la información provista en esta publicación, ni el autor ni el editor asumen ninguna responsabilidad por los errores, omisiones o interpretaciones contrarias del contenido aquí presente.

Este libro es solo para fines de entretenimiento. Las opiniones expresadas son solo del autor y no deben tomarse como instrucciones u órdenes de expertos. El lector es responsable de sus propias acciones.

El cumplimiento de todas las leyes y normativas aplicables, incluidas las leyes internacionales, federales, estatales y locales que rigen las licencias profesionales, las prácticas comerciales, la publicidad y todos los demás aspectos de realizar negocios en los EE. UU., Canadá, el Reino Unido o cualquier otra jurisdicción es de exclusiva responsabilidad del comprador o lector

Ni el autor ni el editor asumen ninguna responsabilidad u obligación alguna en nombre del comprador o lector de estos materiales. Cualquier desaire percibido de cualquier individuo u organización es puramente involuntario.

Tabla de contenido

INTRODUCCIÓN 1
CAPÍTULO 1: ¿QUÉ ES UN "ALFA" Y POR QUÉ SON GANADORES? ... 3
CAPÍTULO 2: EL MACHO ALFA: CÓMO DETECTAR A UNO 13
CAPÍTULO 3: LA HEMBRA ALFA: CÓMO DETECTAR A UNA 20
CAPÍTULO 4: EL LENGUAJE CORPORAL EN SITUACIONES SOCIALES: CÓMO ENCANTAR 28
CAPÍTULO 5: EL LENGUAJE CORPORAL EN LAS CITAS: CÓMO IMPRESIONAR CON CARISMA 34
CAPÍTULO 6: EL LENGUAJE CORPORAL EN EL TRABAJO: CÓMO SER MEMORABLE 40
CONCLUSIÓN 47

Introducción

En los siguientes capítulos se analizará cómo las personas exitosas, específicamente aquellas que resaltan como alfas, se comunican con el lenguaje corporal. ¿Qué hace que las personas se den cuenta? ¿Qué hay de ellos que comunica poder? Este libro discutirá lo que significa ser un alfa y lo que los hace ganadores en lo que sea que hagan. Es una descripción de sus características y rasgos y cómo impactan a los demás a través de la comunicación no verbal, desde cómo caminan, cómo se paran, cómo sostienen sus manos, los movimientos de cabeza y las expresiones faciales, lo que significa cada uno de sus movimientos. Lo que hace un alfa atrae atención, respuesta y acción por parte de otros.

Los rasgos y características alfa no están aislados de género. Tanto hombres como mujeres pueden ser alfas. Después de leer este libro, usted podrá identificar a uno. Si desea convertirse en un alfa, este es el libro para usted. Aprenderá cómo emular el lenguaje corporal de un alfa. Puede cambiar su dirección actual. Se explica cómo ser encantador en situaciones sociales utilizando las acciones o expresiones apropiadas. ¿Alguna vez ha querido impresionar a alguien especial con carisma? ¿Cómo ser memorable en el trabajo? ¿Cómo obtener el reconocimiento que usted merece?

Construya su confianza y aprenda a comunicarse con su presencia. Descubra las técnicas necesarias para adquirir estas habilidades. Este libro lo educará sobre las características y rasgos de los alfas y la comunicación del lenguaje corporal. También será informativo, y aprenderá aplicaciones prácticas de técnicas para aprender y aplicar las características y los rasgos descritos en este libro.

Capítulo 1: ¿Qué es un "alfa" y por qué son ganadores?

¿Qué es un alfa en nuestra sociedad (hombre y mujer)?

Alfa es el mejor perro. Él es el que entra y todos le prestan atención. La suposición popular es que un alfa es asertivo, un perseguidor, sensato, un gran triunfador y alguien que es muy respetado. Él es un líder, no un seguidor. Como un alfa, ya sea masculino o femenino, los rasgos de personalidad son fuertes y directos.

La etología es el estudio del comportamiento animal. Se enfoca en el comportamiento de un animal cuando está bajo condiciones naturales. Un etólogo investigará qué conductas son heredadas por la ocurrencia natural en comparación con las conductas aprendidas.

El enfoque principal del etólogo es estudiar animales para determinar qué causa su comportamiento y cómo maduran y cambian. Teorizan los efectos de tal comportamiento en y con otros animales y en diversos entornos. Los datos obtenidos de dichos estudios se utilizan para comprender mejor el impacto biológico en otras circunstancias, como la experiencia humana. Como el macho lobo alfa, la teoría de la dominación es el papel del liderazgo masculino.

"Alfanismo" es un término usado para describir rasgos de personalidad que dominan los comportamientos. Es

fundamentalmente una parte de la genética de una persona, así como su persona. Si usted es asertivo de manera innata, y viene de la familia, entonces, por genética, es un atributo familiar. Sin embargo, si no lo está, puede desarrollar estas habilidades de liderazgo dedicándose a aprender e incorporando las técnicas que se describen en este libro.

Ser un alfa no significa que usted deba poseer todos los rasgos, pero como un alfa, puede tener alguna variación de ellos. Un alfa puede ser confiado y fuerte, pero no muy curioso. Tampoco todos los aspectos del carácter serán de la misma intensidad.

Más en algunas áreas y menos en otras

Todo el mundo posee estos rasgos en un grado menor o mayor. La dominancia es un factor del alfanismo. No hay una distinción clara, sino que se trata más bien de la fusión de la influencia y los comportamientos transmitidos.

Bien, entonces vayamos al grano. ¿Cuáles son las características de un alfa?

Confiado

Esta es la persona segura de sí misma, autosuficiente y equilibrada. Nunca se cuestionan a sí mismos.

Competitivo

Siempre preparado para ganar. Ser el mejor es la principal prioridad. Ellos son motivados a estar en la cima.

Presencia

Cuando caminan en una habitación, llaman la atención. Su presencia hace que otros se den cuenta. La forma en que caminan, hablan, se ponen de pie y usan otros aspectos de su lenguaje corporal contribuye a su presencia.

Dominante

Están a cargo y mantienen el control. Dan instrucciones y son directos. Asumen el mando siempre que sea necesario.

Arriesgados

Ellos entienden que deben arriesgarse para obtener lo que quieren.

Los alfas son un atractivo para el sexo opuesto

Los alfas no tienen miedo de comunicar su interés hacia alguien.

Vocal

Él hablará y expresará lo que tiene que decir. Él tiene confianza en el conocimiento que tiene.

Contacto visual fuerte

Mantendrá un buen contacto visual y será el último en apartar la vista. Él entiende el poder del contacto visual y cómo usarlo apropiadamente. Muestra confianza y dominio.

La calma bajo presión

Él reacciona adecuadamente bajo presión. No desiste en situaciones estresantes. Él reconoce que, como líder, se debe mostrar fortaleza incluso en los momentos más difíciles.

Apariencia

Se viste para el momento. El exterior es una validación de quiénes desean ser.

Prominencia

No les importa destacar. Harán lo que quieran y no les importará lo que piensen los demás. La aprobación no es necesaria.

Habilidad para estar en desacuerdo

Al alfa no le importa decir que no. No hay aprehensión de posibles resultados o consecuencias.

También saben cómo perseverar, son determinados y motivados. Están decididos a lograr el éxito.

¿Qué hace que el alfa sea un ganador?

Los alfas son ganadores debido a la combinación de rasgos y cómo los usan para hacer que el fracaso sea poco probable. El liderazgo es la capacidad de controlar la dirección en que deben ir las cosas. Y debido a este rasgo, otros lo siguen instintivamente. La mayoría de las personas a su alrededor los adoran. Las relaciones personales y conocidos sirven como su club de fans. Se cumpliría casi todo lo necesario. Su popularidad atrae a los seguidores.

Tienen la capacidad de ser innovadores. Tienden a ser creativos e ingeniosos para resolver posibles dificultades. Su encanto y carisma es atractivo y gratificante y hace que los demás se sientan bien y bienvenidos. Su confianza les permite aceptar oportunidades desafiantes. Esta actitud positiva es lo que les ayuda a lograr el éxito. Su confianza les permite ser dominantes incluso en entornos sociales. Su naturaleza ambiciosa los impulsa a realizar sus sueños y deseos, y su espíritu competitivo los empuja a ser lo mejor. También tienen la capacidad de mantener el control. No necesitan la aprobación de otra persona para tomar medidas. Ellos son capaces de tomar decisiones difíciles. Su voz interior es su motivación y sentido de lo que está bien o mal. Confíe en usted mismo y acepte que no puede complacer a todos, deles un espíritu libre.

¿Qué los separa de los no alfas?

No retroceden, se arriesgan y no temen los riesgos. Mientras que los no alfas buscan lo que es cómodo y generalmente aceptado.

La postura inferirá fuerza, confianza y posición en la manada. "Conoce su alfa." De pie, erguido, envía un mensaje de confianza y fortaleza. Los alfas suelen tener la cabeza levantada, los hombros hacia atrás, los pies ligeramente separados y mirando hacia adelante. Esta es una postura fuerte y poderosa que proyecta una actitud alfa. Cuando están sentados, se reclinan y se relajan, con los brazos separados, y en el caso de los hombres, con las piernas separadas (piernas abiertas).

Las implicaciones de la postura en la comprensión del lenguaje corporal son prodigiosas. Dice muchísimo. Puede impactar en cómo se percibe al afinar sus aspectos físicos, como la forma en que está de pie, se sienta y camina. Al hacer esto, puede agregar poder a su presencia.

Curiosamente, la postura tiene un impacto incluso cuando alguien no está particularmente cerca. La postura de una persona puede versar o reconocer una distancia. Por lo tanto, pueden ser reconocidos por otros en la proximidad. Su postura permite que todos sepan quién es usted.

También es una expresión inconsciente de quiénes creemos que somos y nuestra respuesta al entorno en el que nos encontramos. Considere qué mensaje está enviando su postura.

Los alfas sonríen menos. La sonrisa se considera un comportamiento subordinado. Una persona que sonríe mucho envía un mensaje de inseguridad, nerviosismo o expresión subordinada. Históricamente, a las mujeres se les enseñó que, si estaban nerviosas en una situación incómoda, simplemente sonrieran. Esto se reconoce como el comportamiento de los "pacificadores", sumiso o pasivo. ¿Se ha dado cuenta cuando un jefe entra en una habitación, todos le sonríen y el jefe es el único que no sonríe? Una sonrisa apropiada en el momento adecuado puede ser ventajosa. Las expresiones faciales son un factor importante en el lenguaje corporal. Ya sea una sonrisa o una apariencia austera, la acción o respuesta adecuada podría marcar la diferencia y producir resultados sorprendentes. El lenguaje corporal es la capacidad de hablar sin decir una palabra. Y como un alfa, los otros retoman el lenguaje tácito de la fuerza y el liderazgo.

Los alfas tienden a interrumpir a los demás porque las personas, naturalmente, se callan cuando comienzan a hablar. Está dentro. No les importa interrumpir cuando sienten que tienen algo que decir. Tienen una energía vociferante que incita a otros a prestar atención por instinto. Tienen un tono base de confianza. No son necesariamente las palabras habladas, sino el tono y la fuerza con que se pronuncian las palabras. Está en la entrega. Irónicamente, es posible que ni siquiera sepan que lo están haciendo. Un no alfa esperará la oportunidad de entrar o de que aprueben cuando pueda hablar.

El contacto visual de un alfa comunica confianza, poder y fuerza. Es una parte importante de la comunicación del lenguaje corporal. Así es como nos comunicamos con los demás además de hablar. El lenguaje corporal dice que, más que simples palabras, puede y representa una parte importante de nuestra capacidad para comunicarnos. Mucho se dice solo con los ojos. Un alfa se involucra en más contacto visual cuando habla con alguien. Un alfa mantendrá contacto visual persistente mientras intercambian comunicación. Este es un signo de fortaleza y confianza. Sin embargo, mantendrán menos contacto visual cuando les hablen. Parecen distraídos u ocupados de otra manera cuando alguien más está hablando.

Se ha dicho que los ojos son las ventanas del alma. Es una percepción general de que ser capaz de mantener el contacto visual con alguien es una indicación de confianza. La falta de buen contacto visual o el desvío de los ojos es una indicación de falta de honradez. ¿Ha notado que al ver a alguno de los programas policiales o de detectives, cuando el detective interroga a alguien y desvía la vista y mira hacia un lado, el detective siempre pregunta qué esconden? En la interpretación del lenguaje corporal, el contacto visual transmite confianza a otros. Es muy probable que alguien cree confianza con una persona con la que puede mantener contacto visual en la comunicación. Un no alfa puede tener problemas con la comunicación visual fuerte. Por lo general, son los primeros en mirar hacia otro lado o hacia abajo.

El lenguaje corporal es un comunicado de entrega y recepción inconsciente. Lo que usted hace, cómo camina, su posición, la expresión en su rostro y tantos otros gestos envían un mensaje a otros sobre usted. Su lenguaje corporal envía un mensaje a quienes lo rodean sobre quién es. Como una compilación de gestos, nuestro lenguaje corporal articula lo que pensamos o sentimos sin intención consciente. No nos damos cuenta de que estamos haciendo la mayoría de nuestros movimientos y gestos. Sin embargo, estamos enviando mensajes subliminales. ¿Se ha preguntado usted qué mensaje está enviando? ¿Está recibiendo la respuesta que desea cuando entra en una habitación? Cuando habla, ¿otros escuchan? ¿Mantiene contacto visual con los demás? ¿Alejan sus ojos de usted cuando está hablando? Estas son algunas preguntas que puede considerar al determinar qué mensaje está enviando con su lenguaje corporal. La forma en que mueva o coloque su cuerpo puede acentuar y fortalecer lo que está diciendo o extraer la respuesta deseada de los demás.

Si aprende a interpretar el lenguaje corporal, puede entender el mensaje no hablado y ser capaz de distinguir inconsistencias en las acciones de otros. ¿Alguna vez ha notado cuando le hace una pregunta a una persona y la respuesta es sí, pero la cabeza se mueve de lado a lado como para responder que no? Esto es una inconsistencia entre la palabra hablada y su lenguaje corporal. Esta es una señal de que lo que esa persona está diciendo no es cómo se siente realmente. Por lo tanto, tener la capacidad de comprender el mensaje tácito a través del lenguaje corporal lo ayudará a convertirse en la persona que desea.

Al mirar el lenguaje corporal, considere las señales básicas como la expresión facial, la postura, el contacto visual, la proximidad y los gestos. La comunicación se hace sin una palabra hablada a través de estas acciones o no acciones. Los volúmenes se pueden decir simplemente por una expresión de la cara. En los niños, cuando un padre daba esa mirada, el niño se congelaba en sus pasos, dejaba de hacer lo que estaba haciendo y respondía sin que el padre dijera una palabra. Muchos han expresado conocer a esa persona especial con las palabras "nuestros ojos se encontraron en una sala llena de gente". Nuevamente, no se dijo una palabra, sino que se recibió el mensaje. ¿O qué pasa cuando alguien entra en una habitación, caminando, y su presencia llama la atención de todos? La habitación se vuelve silenciosa y toda la atención está en esa persona. Su postura y presencia transmitieron el mensaje de su importancia. Comprender cómo cada uno de estos tipos de expresión comunica un mensaje lo ayudará a crear la presencia que desee.

Tener una postura de fuerza se muestra al permanecer quieto. El movimiento constante y la inquietud es un signo de nerviosismo. Este movimiento se comunica como inseguridad, falta de confianza e inferioridad. Un alfa tiende a quedarse quieto. Conservan energía. Se mueven a propósito. Quedarse quieto muestra poder. Manténgase quieto con los hombros hacia atrás y el pecho hacia fuera. Esto significa que usted está seguro y a cargo. Alternativamente, un no alfa tenderá a inquietarse, moverse nerviosamente y mostrar signos de incomodidad.

Asentir es el "efecto cabeza bamboleante". Esta es otra señal de inseguridad. Los líderes mantienen la cabeza quieta mientras hablan. La capacidad de hablar sin mover la cabeza muestra seguridad y confianza en el conocimiento que está compartiendo. Manténgase quieto y orgulloso.

Los no alfas pueden mirar a una persona de interés romántico desde lejos, mientras que un alfa se acercará sin dudarlo.

La siguiente pregunta es cómo estos rasgos lo impactan en el lugar de trabajo, los entornos sociales y sus relaciones individuales. Un alfa aprende cómo modificar sus características en su vida cotidiana.

En los negocios

Los alfas son mejores en los negocios debido a la actitud sensata y los riesgos calculados que toman para lograr lo que están buscando. El negocio es de naturaleza competitiva. El alfa es alguien que siempre quiere subir más alto. Debido a sus habilidades de liderazgo natural, las personas tienden a sentirse cómodas con ellos. Tienen una expectativa elevada para ellos mismos y su producción de trabajo. Los asuntos de negocios son abordados de una manera ética y rentable. Las emociones no interfieren en los negocios. Su audacia como tomadores de riesgos es fundamental en las decisiones de negocios. Hacen las elecciones apropiadas en el momento adecuado.

Una actitud de nunca rendirse los lleva a la línea de meta. Conocen sus defectos y aceptan las imperfecciones, pero no les permiten obstaculizar su progreso. También entienden que tener una buena actitud es importante. Su actitud afecta a los demás a su alrededor. Mantener una actitud positiva influirá en otros para hacer lo mismo. Esta calidad de liderazgo es un imán para aquellos que desean sobresalir. Su enfoque positivo emite confianza y hace que otros a su alrededor se desempeñen en un nivel igual.

En el romance

La comunicación consiste en algo más que las palabras que decimos. La forma en que las personas lo ven y lo que escuchan a menudo tiene más que ver con la comunicación no verbal. La comunicación es el 55% del lenguaje corporal, 7% de las palabras y 38% de los tonos vocales. La mayor parte de las comunicaciones son del lenguaje corporal, el siguiente es el tono en el que hablamos y la menos importante son las palabras que decimos.

Cuando se trata de la interpretación del lenguaje corporal, las mujeres tienen la ventaja. Los hombres tienen menos probabilidades de captar señales que el sexo más justo. Los estudios han demostrado que se necesitan aproximadamente 3 interacciones o pistas antes de que el hombre reconozca el mensaje que se está enviando.

En el romance, es bastante similar a la actitud empresarial. El riesgo asumido es visto como una actitud de toma de control y un mayor nivel de confianza. Esto es atractivo y llama la atención del sexo opuesto.

Por lo general, no están nerviosos ni ansiosos en situaciones sociales debido a su autoconciencia y creencia en sí mismos. Poseen buenas cualidades y son seguros de sí mismos. No dudan de su dignidad para asociarse y son atractivos para el sexo opuesto.

En la vida social

Los alfas son líderes en la manada, y otros no dudan en seguirlos. Este es el predicador de la fiesta. La capacidad de hacerse cargo es atrayente y se inspira en quienes los rodean. Son muy respetados, y su opinión es valorada. Una parte importante de la comunicación es ser un buen oyente. Como líder del grupo, también debe vestir para la ocasión. Una presentación es una parte importante del paquete. La elegancia, la actitud y el estilo, junto con la postura y la presencia, envían el mensaje de confianza y fortaleza. Envían la comunicación correcta a través del lenguaje corporal. Se han ganado el respeto de los demás, porque tratan al sexo opuesto de manera justa. Son confiados y no muestran miedo. Son asertivos y comprometidos con otros en entornos sociales.

Capítulo 2: El macho alfa: cómo detectar a uno

Estos son hombres alfa famosos que muchos reconocerán y conocerán sus características alfa. Puede imaginarse cómo debe ser tener tal presencia y poder. Son fuertes, interesantes, inteligentes y tienen el control de la habitación cada vez que entran.

- Barack Obama
- Brad Pitt
- George Clooney
- Bill Clinton
- Denzel Washington
- Clint Eastwood
- Chuck Norris

Todos se saludan y comparten bromas. Si bien es un ambiente agradable, no hay nada emocionante. Entonces, usted nota una elevación de voces, saludos con un poco más de entusiasmo. Entra el macho alfa. Él tiene una gran postura. Camina erguido. Observe cómo sus hombros están cuadrados. Su pecho está levantado, pero no inflado. Cuando entra, sonríe cuando saluda a alguien e inclina ligeramente la cabeza para mostrar interés cuando escucha. Él se acerca y agarra su mano con un firme apretón de manos. Él tiene un gran contacto visual. Sabe cómo mantener una conexión persistente sin mirar hacia otro lado o hacia abajo. Él es asertivo y tiene una personalidad dominante. Este chico tiene habilidades de liderazgo natural, simplemente parece fluir sin dificultad. Él es valiente y parece ser físicamente fuerte. Es curioso, ambicioso e independiente. Estas son características de alguien que todos conocemos.

Un alfa es consciente de que está al mando. Él no busca impresionar a nadie, excepto a esa persona especial del sexo opuesto. ¿Cómo puede usted identificar el alfa en la habitación?

Él está rodeado por todo el mundo. Él es bienvenido cuando entra a la habitación, y otros le ofrecen un asiento. Llama la atención e infunde respeto sin pronunciar palabras. Otros pueden sentirse mediocres en su presencia. El sexo opuesto se siente atraído por él.

El presidente Barack Obama es un macho alfa. Cuando se para ante una audiencia, se para con los pies ligeramente separados y, a veces, coloca las manos en la cadera.

Esta es una postura que está ocupando espacio. Con las manos en la cadera y los codos sobresaliendo hacia afuera, le da la apariencia de ser más grande. Esta postura le aporta importancia, de pie erguido y alto. Su pecho está inflado y orgulloso. Su postura dominante es reconocida por quienes lo rodean. Su lenguaje corporal demuestra que él está a cargo, y todos lo reconocen como un líder.

¿Cómo puede usted usar sus manos para la interacción no verbal? Los gestos hechos con las manos pueden decir mucho sobre usted. Un fuerte apretón de manos es un símbolo de fuerza. Al extender la mano con la palma hacia arriba, envía el mensaje de dominio, porque su mano está arriba, lo que significa que se encuentra arriba. Las palmas hacia arriba significan que está pidiendo algo o que reconoce la ventaja de la otra persona. Cuando juntamos las manos, se puede traducir de diferentes maneras. Puede significar que está tomando una postura de poder o confianza, o también puede indicar nerviosismo dependiendo de lo que esté sucediendo en ese momento.

Los gestos con las manos de los líderes incluyen las manos de aguja, cuando los dedos se tocan en la parte superior y forman una figura piramidal. A menudo, con la mano delante de la boca mirando como en pensamiento profundo o concentración. Esta acción tácita transmite una actitud segura y equilibrada. ¿Alguna vez ha notado las manos detrás de la espalda? Este gesto, si bien puede ser usado en circunstancias estresantes cuando se contemplan elecciones, retrata la apariencia de autoridad.

Un macho alfa es asertivo, no agresivo. Tiene presencia de refinamiento. Parece ser capaz de manejarse en cualquier campo. No le importa que no siempre tenga razón, pero el fracaso no es una opción. Él es muy inteligente y está bien informado. El cómo los demás lo ven no es una preocupación importante, porque él cree en sí mismo. Él es consciente de sus habilidades y es ambicioso y llega a sus metas. Como caballero, puede estar en desacuerdo sin conflicto, pero no teme a la oposición. Es competente en su profesión y aspira a ser el mejor. Él no tiene que soplar su propio cuerno.

Es admirado por muchos y reconocido por su excelencia. Él entiende que gran parte de la comunicación con él es a través de su lenguaje corporal. La forma en que usted interactúa con los demás afecta la forma en que le responden. Su cuerpo comunicará cosas que no dice en palabras. Los estudios han demostrado que más del 90 por ciento de la comunicación es a través del lenguaje corporal. Lo que está diciendo es solo una parte del proceso de comunicación. Su expresión, su tono, sus ojos y sus gestos son solo una parte de la conversación total.

¿Cómo usted asume esta característica de un macho alfa cuando no se siente como uno? Puede cambiar su situación y tomar el control de cómo es percibido. Aquí hay algunos actos clave de un macho alfa seguro, equilibrado y poderoso.

- Ocupe espacio.
- Ponga los pies horizontales a los hombros, separados.
- Párese erguido y recto.
- Hombros atrás, pecho hacia adelante.
- La cabeza bien alta.
- Buen contacto visual, no mire hacia abajo.
- Sin inquietud.
- No cruce los brazos.
- Sin manos en el bolsillo.
- No sostenga las cosas por delante como si fuese a bloquear.
- Tenga una posición abierta.
- De frente a la habitación.
- Camine despacio y con propósito.
- No se apresure o parezca ansioso.

El macho alfa es representado a veces como agresivo y dominante. Sin embargo, este no es un macho alfa. Él no es quien necesita decirles a otros que él es el alfa. Un verdadero macho alfa sabe quién es y su capacidad para influir en los demás. Tiene un seguimiento natural de otros machos y la atención de las hembras.

Considere las características del lenguaje corporal y cómo influyen en su comunicación. El contacto visual de un macho alfa dice que está confiado. También le permite a la persona que está viendo saber que tiene su atención. Su contacto visual solo no es la conversación total. La cara expresa cómo se siente o interpreta lo que se dice. La cara puede decir muchas cosas y puede contradecir las palabras que salen de la boca. Como un macho alfa que muestra fuerza, mantener un buen contacto visual es una necesidad. Además, las expresiones faciales también deben transmitir el mensaje de confianza y fuerza.

La postura del macho alfa es alta y erguida, con los hombros hacia atrás y la cabeza bien alta. Sus gestos deben ser mínimos. No hay movimientos erráticos. Él deja que cada movimiento tenga un propósito. Todas las características del lenguaje corporal, si bien se toman individualmente, pueden transmitir un mensaje, pero en conjunto, forman una conversación totalmente diferente.

Es normal que un hombre desee ser un macho alfa. ¿Cómo convertir este deseo en una realidad en su vida? Uno de los beneficios de esta conversión es ser el enfoque principal de otros en el grupo. Tener un seguimiento de admiradores, fanáticos y devotos es otro beneficio deseado. El macho alfa tiene la habilidad de dibujar e influenciar a otros. Esta es una posición poderosa en la que estar.

Tiene un estilo carismático que es influyente tanto para hombres como para mujeres y atrae a la multitud hacia aquellos dentro y fuera de su círculo social. Él tiene una personalidad atractiva. La preeminencia social es reconocida por aquellos en relación con el grupo y los que están fuera del grupo. El prestigio se asocia con su presencia.

Muestran devoción y camaradería de otros que siguen. Las personas tienden a seguir a quienes poseen la personalidad encargada. La actitud de devoción y camaradería se ofrece con la disponibilidad para su propósito deseado. Él tiene el privilegio de la preferencia. Esta es la oportunidad de ser los primeros en disfrutar de privilegios. Los machos alfa reciben el privilegio de tener prioridad sobre los demás, siendo los primeros en participar.

También se le otorga el poder de tomar decisiones en nombre del grupo. Esto incluye tomar la decisión y tener la primera y última opinión sobre lo que se debe hacer. Se le da mucho peso a su opinión. Todos buscan su consejo sobre lo que debe hacerse, y cuando todo ha sido hablado, buscan su opinión para determinar qué se hará finalmente.

Convertirse en un macho alfa no solo sucede. Hay algo de trabajo involucrado. Para ser el alfa, debe demostrar que tiene lo que se necesita. Debe exhibir cualidades superiores a las demás. Comprenda que, al igual que con las tribus animales, siempre hay uno que puede desafiar al alfa. Debe poder producir las características que demuestren que es el macho alfa. No puede ser intimidado por otros y debe mostrar su fuerza y dominio.

Al desarrollar su "alfanismo", considere las siguientes sugerencias:

Tenga confianza: sepa que usted es el líder. No esté ansioso. Si cree en sí mismo, los demás también lo harán. Debe proyectar esta confianza. No espere el permiso. Simplemente hágalo.

Apariencia: ser su mejor yo. Así es como lo ven y se presenta. Muestre sus cualidades como un macho alfa. Sea consciente de su apariencia. Como líder, su apariencia debe destacarse como tal. Esto incluye cómo camina, se pone de pie, que vaya aseado, el lenguaje corporal y la ropa.

Esté a cargo: use su confianza y sus habilidades para tomar decisiones y tome la iniciativa.

Respeto: sea capaz de estar en desacuerdo y decirlo, pero respete a su oponente. Usted no es cualquier cosa y merece el respeto de los demás. No se retire del encuentro.

Límites: usted sabe lo que es importante. Hacer amigos no es su primera prioridad. Hacer lo correcto es lo principal.

Escuche: escuche lo que se dice y comuníquese.

Destaque: sea la vida de la fiesta. Sea la persona que destaque más que las demás. Socialice en la reunión, preséntese a nuevas personas. Preséntelos en su grupo. Participe en eventos en la función. Sea extrovertido e involucrado.

Observe a los demás: si quiere aprender a ser un macho alfa, observe las acciones de otros machos alfa y aprenda con el ejemplo.

Trabaje bien con el sexo opuesto: sea confiado y agradable con las mujeres. Sepa cómo interactuar adecuadamente sin salirse de los límites. Comprenda los límites. Sea respetuoso y cortés.

Un alfa no dice que es el macho alfa. Si usted tiene que decir que es alfa, no es un alfa. Su presencia hablará por usted. Crea que lo es y camine con esa autoridad.

Temperamento: mantenga el control. Preserve la compostura. No castigue a los demás. Saber cómo estar en desacuerdo y tomar el control de las situaciones es parte de la calidad de liderazgo de un alfa. Aprenda a demostrar descontento sin ser hostil o antagónico.

Un macho alfa conoce la posición de poder. Él sabe dónde pararse y sentarse para estar en una posición poderosa. Son la autoridad a la cabeza de la mesa o el líder en medio de un grupo.

Haga un balance de sus fortalezas y debilidades. Considere qué mensaje está enviando. ¿Es un macho alfa, o quiere serlo? A medida que lea más, aprenderá lo que se necesita para convertirse en un alfa y cómo hacerlo. Los rasgos de personalidad masculina alfa incluyen ser asertivo, dominante, un líder natural, protector, valiente, fuerte y curioso. Otras características incluyen ambición, independencia, sensibilidad, presencia y ser vocal y competitivo.

Capítulo 3: La hembra alfa: cómo detectar a una

¿En qué se diferencian los machos y las hembras alfa y en qué se parecen?

La hembra alfa es similar al macho porque confía en sus habilidades y se hace cargo de sí misma. Ella está cómoda en su propia piel. Lo que otros piensan de ella no es un enfoque importante. Ella sabe vestirse para impresionar y tiene una presencia dominante. Es una líder, no una seguidora y tiene la expectativa de que otros la sigan. Ella, como su contraparte masculina, es inteligente y está bien informada. Como personalidad alfa, ella proyecta integridad, principios y devoción. La naturaleza competitiva de un alfa es parte de su carácter. Aunque confiada y segura de sí misma, no es egocéntrica. Su opinión se expresa libremente incluso cuando no se solicita. Ella no teme las posibilidades que tiene ante ella, de hecho, les da la bienvenida. Otros se sienten cautivados por su encanto. El macho sabe lo que quiere y lo persigue e invariablemente, también lo hace la hembra.

Ella no es agresiva, sino asertiva. El macho alfa no es un cretino, pero es confiado, masculino y ambicioso, amigable, considerado y respetuoso. Atrae a las mujeres con su encanto sofisticado. La fuerza física, la destreza y la inteligencia social personifican su gracia. Él es un amante, no un luchador. Demuestra su alfanismo a través de la confianza interior y cómo se comporta. Estos atributos son compartidos tanto en hombres como en mujeres.

Sin embargo, difieren en cómo se interpreta su lenguaje corporal y en qué tan bien pueden interpretar el lenguaje corporal del sexo opuesto. Los hombres tienen menos probabilidades de captar pistas del lenguaje corporal que las mujeres. Debido a que las mujeres han estado condicionadas con el tiempo a responder a las necesidades de los demás, tienden a estar más atentas a los mensajes no verbales. Por lo tanto, las mujeres tienen 3 veces más probabilidades de captar los mensajes no verbales que sus homólogos masculinos.

Los rasgos de una mujer alfa y qué buscar cuando se trata de detectar una

Oprah Winfrey es la mejor hembra alfa. Ella es una mujer a cargo que sabe lo que quiere. Cometer un error no es su miedo. Ella no se disculpa por buscar lo que desea. Algunos pueden sentirse amenazados por su actitud sensata. Ella tiene la atención y el respeto de otras mujeres y ellas la buscan para el liderazgo. Estas son algunas de las características de una hembra alfa.

Ella es generalmente muy exitosa, autosuficiente y segura de sí misma. A menudo se la conoce como una reina. Beyoncé es un ejemplo perfecto. Se le conoce como abeja reina y tiene tantos seguidores que se refieren a sí mismos como la colmena.

Esta naturaleza enfática es el poder detrás de su empuje. Ella es impulsada y está cómoda en las negociaciones. Su motivación es lograr su deseo. Ella tiene un destino asignado y está decidida a lograrlo.

Equivalente a la contraparte masculina

Sus habilidades no están condicionadas por nada que no sean sus propias acciones. Ella es inteligente, fuerte y segura. No se deja intimidar por las opiniones de los demás. No acepta la limitación de género y cree que su éxito no inhibe a los demás, sino que los alienta o los inspira. Ella no pone a los hombres en un pedestal más alto, sino como co-conspiradores iguales. Ella no es la princesa perseguida o la doncella en peligro, ni es una mujer indefensa que necesita un hombre para rescatarla.

Decidida, no pasiva

Ella puede y tomará decisiones basándose en su evaluación de las circunstancias, ya sea una decisión comercial o de naturaleza personal. El hecho de que sea mujer no disminuye su habilidad. Ella toma la iniciativa y es una tomadora de riesgos.

Sabe quién es ella

Ella conoce sus activos y déficits. Ella sabe cómo acentuar sus fortalezas. Ella no tiene miedo de ser ella misma. Ella es independiente, autoritaria y de mente abierta. Ella tiene la libertad de expresar su feminidad o no. Ella no está encasillada por los estereotipos.

Las mujeres famosas que personifican a las "alfaneras" femeninas son Oprah Winfrey, Michelle Obama, Hillary Clinton, Mariska Hargitay y Beyoncé. Estas mujeres son hembras alfa. Son admiradas, respetadas, solicitadas para asesoramiento y tienen liderazgo. Cuando entran en una habitación, llaman la atención. Otras mujeres replican su estilo e imitan su actitud y tono. Incluso con otras mujeres, la mirada atenta y el toque sutil hacen que otras personas se sientan percibidas y apreciadas.

La persona más prominente en una agrupación es a menudo referenciada como una personalidad alfa. Esto podría ser masculino o femenino.

Las alfas femeninas son "conductores sociales" y las no alfas son "su orquesta". Ella es la líder y las demás las siguen. Un conductista notará que las mujeres apuntarán con sus pies en dirección a la persona que más les interesa o que sientan que está guiando al grupo, ya sea que la persona esté hablando o no, incluso si está en un círculo.

Olivia Pope es una mujer alfa. Ella es fuerte, inteligente, deliberada y exitosa. Sus seguidores la buscan. Ella es la "reparadora". Los hombres alfa también respetan sus decisiones. A Olivia no le importa lo que otros piensen sobre ella o sus elecciones. Incluso en el romance, ella llama la atención y es buscada. Y su decisión en el romance es de ella y solo de ella. Ella está cómoda en su propia piel. Ella sabe lo que quiere y no le importa ir tras ello.

Cuando están en compañía de otras mujeres, todas las personas no alfas siguen las señales sociales del alfa. Imitan sus acciones. Las hembras no alfa se unirán a la agrupación con la hembra alfa. Alterarán su postura y posicionarán su cuerpo para ser más como ella. Cuando ella ríe, la imitarán en tono y duración. Cada vez que la mujer alfa sale de la escena, se produce un "efecto de vacío social".

Hay una notable ausencia de su presencia. Las mujeres que no son alfa están perdidas hasta que alguien más toma su lugar. Sin embargo, allí solo puede haber una hembra alfa en una agrupación. Cuando hay más de una, puede haber un escándalo en un intento de estar en la cima. Esto puede traer a la mente un episodio de "Amas de casa", pero no se confunda. Esa actitud de diva no es parte de su personalidad. Una hembra alfa no es una diva. Se distingue en su independencia. Ella no tiene tiempo para las tonterías y no muestra una actitud negativa. Y ella no es una damisela en apuros en absoluto. Mientras que no puede haber más de una alfa en un grupo, debe haber al menos una. Con una hembra alfa, hay algo de valentía en su ausencia. En un entorno empresarial, ella es la facilitadora, y en un entorno social, ella es la que hace que todos se sientan cómodos. Ella participa en todo lo que esté fluyendo. Ella es la mariposa social, una gran comunicadora, tiene humor y es una solucionadora de problemas. Ella sabe cómo hacerse cargo.

Comprenderla también significa poder captar sus señales no verbales. Esto comienza con su mirada. La forma de cómo fija la mirada en usted le ayudará a interpretar la comunicación tácita que da con los ojos. En un entorno empresarial, el contacto visual transmite confianza y seguridad. En un entorno social, ella está comprometida e interesada en la conversación. Y en un ambiente romántico, su contacto visual o la falta de ella es una indicación de si usted le gusta o no le interesa.

Una simple sonrisa y el levantamiento de la ceja mientras mira dice que está interesada y que hay posibilidades. O si se lame el labio mientras mira, esto también es un signo de interés. Otros signos de interés incluyen jugar con su cabello mientras participa en una conversación, o esa apariencia de "ven aquí". Eso se logra mirando hacia atrás por encima del hombro. El cuerpo habla subconscientemente cuando estamos felices, interesados, decepcionados y excitados. Sin pensarlo, ella, cuando esté interesada en alguien, se acercará a ellos. En una cita, ella se acerca y toca. Este es un signo de atracción. Pero si ella cruza sus brazos y piernas o se aleja, esto es un signo de desinterés. Curiosamente, ella imitará las acciones de la persona que le interesa.

Más expresiones no verbales de interés

Si una mujer se posiciona más cerca, está indicando que está deseando interactuar.

- Se frota las piernas.
- Se acerca para tocarlo.
- Asiente la cabeza 3 veces mientras escucha
- Empuja su copa hacia la suya.
- Tiene una postura de confianza.
- Posición cara a cara.
- Tono de voz - tono ligeramente elevado.

Estas son todas pistas no verbales que le interesan. Esto es una indicación de un deseo de conocer a alguien mejor. Si una mujer mira tentativamente su bebida y no tiene nada, esto significa que ella desea una. Hay muchos indicadores silenciosos de que estamos atentos y podemos comunicarnos y entender mejor a los demás.

Primeras impresiones

Disponibilidad: sonrisa, brazos sin cruzar, piernas sin cruzar y mirar hacia arriba (sin mirar hacia abajo o hacia los zapatos).

Fertilidad

Hombres: de pie, estirando los hombros, colocando los pies ligeramente más separados que el ancho de los hombros y mostrando las manos son signos de fertilidad.

Las mujeres: mantener el cabello suelto, inclinar la cabeza para exponer las feromonas y mantener las manos y muñecas visibles para mostrar la suave piel de la muñeca son muy atractivas para los hombres.

Atracción

Inclinarse de manera no verbal para decir que están interesados. Subconscientemente los atrae hacia usted.

Inclinación de la cabeza - muestra interés y compromiso.

Los signos del lenguaje corporal

Ruborizada y sonrojada.

Cuanto más rojos son los labios y más blancos son los ojos, más fértil y atractiva es una persona.

El poder del bolso

Un bolso es un indicador interesante de comportamiento no verbal.

Ella sostiene firmemente su bolso cuando no está interesada.

Pies apuntando hacia una persona

Este es un indicador de atracción.

Hacer contacto visual

Demuestra que está interesado y confiado.

Buena postura

Manténgase erguido, tenga confianza, pero a gusto.

Relájese

Muestre una actitud "fresca, tranquila y recogida". Tenga confianza.

Cabeza en alto

Mire hacia arriba, no se mueva mirando hacia abajo.

Sin manos en el bolsillo

No ponga las manos en los bolsillos.

Conversar

Sea suave en la conversación. Hable a un ritmo y tono natural. No hable de forma apresurada, demasiado fuerte o muchas tonterías.

Expresión facial

Sonría. Esta es una expresión de bienvenida.

¿Es usted una hembra alfa?

¿Siente usted que siempre está en el centro de atención? ¿Tiene confianza y todos quieren su consejo y dirección? Usted es la persona a quien todos acuden. En el trabajo y el entorno social, es usted quien mantiene las cosas en marcha. Está motivada con determinación y perseverancia. Usted está orientada a objetivos y vive una vida impulsada por un propósito. Es una vencedora y una luchadora. Se queda sola muchas veces y no teme este aislamiento. No le tiene miedo al romance, pero tampoco está definida por él.

El equilibrio es importante para usted, por lo que trata de mantenerlo en todas las facetas de su existencia. Usted elige ser su mejor yo. Su cumplimiento está en sus logros. La salud física, espiritual y mental es importante para ser superior. Se alcanza la grandeza intelectual, porque continúa aprendiendo y buscando sabiduría y conocimiento. Es admirada por su tenacidad, esa actitud de nunca rendirse.

¿Le agrada el cambio? Mientras que otros tienden a resistirse y se ponen ansiosos ante la idea de un cambio, usted lo acepta. El cambio representa crecimiento y avance. Puede reconocer la oportunidad cuando no aparece transparente. El sacrificio es parte de su crecimiento y una inversión en su futuro. Si bien muchos la admiran, también es mal interpretada. Pero usted es una mujer fuerte, y es capaz de avanzar.

¿No se disculpa por lo que cree? Su confianza e integridad hacen posible que sea fuerte y valiente. No está motivado para encajar en el molde creado por otros. Tampoco está motivado por las opiniones de los demás. Toma riesgos y cree que solo puede lograrlo si está dispuesto a asumir los riesgos.

Si estas cualidades la describen, usted es una hembra alfa. Si no lo hacen, puede adoptarlas como parte de su personaje y puede convertirse en esa hembra alfa.

Capítulo 4: El lenguaje corporal en situaciones sociales: Cómo encantar

En una reunión social con colegas y altos ejecutivos, preséntese o conózcalos mejor. Tenga cuidado de no relajarse demasiado. Limite las bebidas a una. Trate de mostrar el mensaje que desea entregar. Deje que su cuerpo hable por usted. Sea agradable, acogedor y cómodo. Al mantenerse erguido con los hombros hacia atrás y la cabeza alta, su lenguaje corporal es uno de confianza y una gran autoestima. Tenga en cuenta que su postura envía un mensaje de fortaleza o debilidad, confianza o intimidación y autoestima o duda.

Salude a los invitados a la fiesta con un apretón de manos y una sonrisa. Su postura debe mostrar que está cómodo y seguro. Demuestre que es accesible adoptando una posición abierta. Sus piernas deben estar ligeramente separadas aproximadamente como sus hombros. Sus brazos deben estar relajados a su lado. Evite cruzar brazos y piernas. Así usted está enviando un mensaje cerrado.

Mire a la persona con la que está hablando. El contacto visual es esencial tanto en la comunicación no verbal como en la verbal. Ayude a enviar el mensaje que desee. Demuestre que está interesado, prestando atención y escuchando. Inclinarse también mejora el compromiso. Al inclinarse, tenga cuidado de no invadir el espacio personal de otra persona. Si cuando se inclina observa que se reclinan, se ha movido demasiado cerca. En un entorno social, no debe acercarse más de 18 pulgadas. Los movimientos de sus brazos deben mantenerse por debajo de los hombros. Sus gestos no deben parecer como que no tiene el control.

Recuerde, su postura, cómo se pone de pie y cómo camina es extremadamente importante. Cuando entre en una habitación, revísese primero. Manténgase bien arreglado. La higiene es imperativa. Este es su cabello, dientes, aliento y ropa. Vístase bien y apropiadamente para la ocasión. A continuación, reúna sus pensamientos y tenga la mentalidad correcta. Sepa a dónde va y por qué. Ok, ya está arreglado, vestido y organizó sus pensamientos. Respire y relájese. Párese, con los hombros hacia atrás, y relajado. No camine demasiado rápido, sino con confianza. Usted está en control. Muévase como si fuera el centro de atención.

Ahora, ¿cómo se presenta?

- Hacer contacto visual: interesado y comprometido.
- Sonrisa: acogedora y amable.
- Buena postura: el lenguaje corporal debe transmitir confianza.
- Apretón de manos: firme, pero sin agarre.
- Salude a los demás y dé la mano y muévase por la habitación.

¿Cómo se convierte en el alfa que desea ser? Como dice el viejo refrán, "la práctica hace al maestro". Reconocer cualidades alfa en los demás es clave. Si hay un alfa que admira, estudie sus acciones y cómo se mueve. Además, reconozca cómo otros responden a ellos. Si quiere ser un alfa, actúe como un alfa. Asuma esas características. Imítelo hasta que lo consiga.

En casa, ensaye las características que desea incorporar. Use el espejo para practicar sus expresiones faciales y su postura. Deje que los alfas famosos, como George Clooney y Mariska Hargitay, sean su inspiración. Realice diferentes expresiones faciales y ajústelas para transmitir el aspecto que quiere mostrar. Mirándose en el espejo, párese derecho, los hombros hacia atrás y la cabeza alta. Imagínese a usted mismo como el alfa. Al mismo tiempo, haga afirmaciones positivas. Tome la actitud y crea que lo es. Imagínese como un alfa: fuerte, seguro y el centro de atención.

A continuación, se presentan algunas afirmaciones para practicar para hombres y mujeres. Recite estas afirmaciones diariamente. Dígalas mientras está de pie frente al espejo, practicando su postura y expresiones faciales. También puede recitar estas afirmaciones a lo largo de su día. Le transmitirá un impulso de confianza si las repite justo antes de ingresar a una sala, reunión o situación en la que desea brillar.

Soy un alfa.

Soy fuerte.

Soy dominante.

Soy un líder.

Siempre estoy a gusto y tranquilo.

Soy asertivo y poderoso.

Otros perciben que soy poderoso y seguro de mí mismo.

Estoy confiado.

El sexo opuesto me atrae mucho.

Puedo tomar la iniciativa en cualquier situación social.

Estoy totalmente seguro de mí mismo.

Hablo con poder e influencia.

Soy atractivo para el sexo opuesto.

Haga una entrada

> Esté bien arreglado, báñese, aféitese, cepille sus dientes, use un desodorante, aplique maquillaje o no, corte o peinado del cabello y limpie sus uñas.

Vístase apropiadamente.

> No sea demasiado moderno, sea cómodo con su elección y elija algo a la moda.

Entre con confianza

> Manténgase erguido, sonría y evite mirar hacia abajo, desplomarse o moverse.

Traiga un regalo para el anfitrión

> Muestra agradecimiento y otros notarán su consideración.

Salude a la gente que reconozca

> Salude al anfitrión.

> Si no conoce a nadie, preséntese.

Tenga confianza

> Use afirmaciones positivas

Dé una buena impresión con el lenguaje corporal

> Apretón de manos firme.

> Inclínese o apunte las piernas y los pies hacia la persona con la que está hablando

> Postura relajada.

> Amplié la posición para mostrar confianza.

> Sin cruzar brazos ni inquietarse.

> No jugar con el teléfono.

> Sin parecer aburrido.

> Hacer buen contacto visual.

Sonreír, no nerviosamente, sino genuinamente.

Respire profundo.

No sea un invasor del espacio

> La proximidad de su cuerpo cuando está cerca de alguien puede expresar algo más que su nivel de confianza. Proxemics se define como el estudio de cómo las personas interpretan el espacio en términos de distancia, naturaleza e impacto y la relación del entorno y la cultura. La asignación y la tolerancia de la distancia espacial son únicas para cada persona en función de su historial personal.

Sin embargo, existe un consenso general basado en los estados básicos de las relaciones. Las variaciones de las relaciones que son impactadas por proxemics son íntimas, personales, sociales y públicas. Cada uno tiene una distancia aceptable que permite una cierta cantidad de espacio o cercanía. Además, estas variaciones pueden diferir de una cultura a otra. Debido a las diferencias culturales, a veces el lenguaje corporal puede ser mal interpretado.

En la sociedad culturalmente diversa de hoy, es fundamental tener en cuenta el alcance de las señales no verbales tal como se expresan en diferentes grupos étnicos. Cuando alguien infringe una distancia espacial adecuada, otros pueden sentirse incómodos o inquietos. Sus acciones bien pueden estar abiertas a una mala interpretación.

Las cuatro clasificaciones principales de Proxemics

- Espacio íntimo (tocar – 45 cm)
- Espacio personal (45 cm – 121 cm)
- Espacio social (1.21 m – 3.6 m)
- Espacio público (3.6 m – 4.5 m)

Estas cuatro distancias están en coordinación con los cuatro tipos de relaciones: íntimas, personales, sociales y públicas.

Espacio íntimo:

Este es el espacio entre los de relaciones personales cercanas. Va desde tocar hasta 45 cm. Esta es la región más íntima porque está reservada para aquellos de relación más cercana. Esto está dedicado a personas especiales como los amados, familiares y adorados.

Espacio personal:

Este es un espacio de conversación, generalmente de 45 cm a 121 cm. Esta es la distancia dentro de la que es cómodo comunicarse, hacer contacto visual y observar expresiones faciales. Esto es lo suficientemente cerca como para estrechar la mano y reflexionar sobre otros lenguajes corporales. Esta es también la zona de amigos, que es aceptable para reuniones sociales como fiestas e intercambios amistosos.

Espacio social:

Este es un espacio de negocios impersonal. Esta es la distancia normal para trabajar en la misma habitación o durante reuniones sociales. La distancia apropiada es de 1.21 m a 3.6 m. Esto también es apropiado para los conocidos y las personas que puede haber conocido recientemente. Si no tiene una relación establecida con alguien, este es el espacio apropiado.

Espacio público:

Este es el espacio de un orador. El margen de habitación es de 3.6 m a 4.5 m. Esta es la distancia espacial adecuada para profesores, oradores públicos o presentaciones grupales. Las comunicaciones no verbales se utilizan, como gestos extremos, para garantizar que se puedan ver a distancia. Las expresiones faciales no se pueden ver ni interpretar en esta arena. Generalmente hay una audiencia como un grupo grande de personas a esta distancia.

La utilización de la distancia espacial adecuada complementa las otras formas de lenguaje corporal y ayuda a mejorar las comunicaciones. Además, comprender estos parámetros ayudará a interpretar las comunicaciones no verbales cuando alguien está cerca o a distancia.

Capítulo 5: El lenguaje corporal en las citas: cómo impresionar con carisma

Usted acaba de conocer a una mujer interesante, y parece que puede tener algunas cosas en común. Nunca ha salido antes y quiere causar una buena impresión.

George Clooney es el mejor macho alfa. No pone excusas para ser él mismo. Es guapo, se viste bien, tiene presencia cuando se para o camina, y establece contacto visual que hace que las chicas se desmayen. Fue elegido dos veces como la portada de la revista People como el hombre más sexy del mundo. ¿Quiere usted ser un alfa como George? Ya sabe ¿el que se lleva a la chica y el que todas las chicas desearon tener?

¿Cómo se llega a eso?

George Clooney se presenta de una manera fresca, relajada, segura y elegante. Tiene una expectativa de grandeza. Si está en su círculo íntimo, se siente privilegiado. ¿Cómo lograr este estado?

Analice su lenguaje corporal. ¿Qué es lo que hace que hace que las personas, tanto hombres como mujeres, lo reconozcan como el alfa en la sala? ¿Qué es lo que puede hacer usted para modelar esta actitud? Si desea ser el alfa en la habitación y atraer a esa chica, hay algunas cosas que debe hacer.

Primero, debe adoptar y aceptar la postura y la presencia que le dicen que está relajado y confiado. Como se dijo anteriormente, la forma en que se para y la forma en que camina es importante. Manténgase alto y erguido, hombros hacia atrás y pecho. Pero no se exceda, no quiere parecer rígido o incómodo. Siéntase relajado y cómodo en su propia piel. Sepa en su propia mente que puede hacer esto. Su caminar debe mostrar que es el chico que merece la pena conocer. Sea agraciado en sus movimientos. Mire hacia adelante al caminar. No camine con la cabeza baja. Caminar con la cabeza baja es una postura pasiva o dócil. No envía el mensaje de confianza o una actitud alfa.

Usted está causando la primera impresión correcta. Esta primera impresión es lo que ven las mujeres antes de que incluso escuchen su voz. Desde el otro lado de la habitación, ven a este "chico sexy", pero lo único que saben de usted es lo que ven. Entonces, hágase el interesante. Una primera impresión rápida se realiza en aproximadamente tres segundos. Cuando una persona se encuentra con usted por primera vez, en unos tres segundos, evalúe quién es usted, y la impresión de usted se basa en la forma en que se presenta, en su apariencia, en su comunicado no verbal, en sus acciones, en su presencia y en cómo se viste. Irónicamente, las primeras impresiones son impresiones duraderas y difíciles de cambiar.

Una forma de perder el interés de una dama es hablar demasiado rápido. Reduzca la velocidad y llame su atención. No se apresure a través de sus palabras. Su emoción es un signo de inseguridad y nerviosismo. Cuando habla despacio y tranquilo, la conversación se relaja y ella se siente más atraída. Demuéstrele que está interesado cuando se inclina y la toca ligeramente en su brazo, cerca del codo, pero no demasiado alto.

La expresión facial debe ser una leve sonrisa que sea acogedora y transmita confianza en sí mismo. El contacto visual es irresistible para las mujeres. Haga contacto visual y de la mirada de un hombre a cargo que lo sabe. Que venga también de un hombre de confianza y poder. Cuando George mira a las mujeres, él activa su interés y deseo por él. Si usted quiere interesar a las mujeres, mantenga un fuerte contacto visual. No se sienta intimidado ni tenga miedo de mirarla a los ojos. No aparte la vista ni mire hacia abajo. Muestre interés y mírela a los ojos profundamente. Su mirada debería decir que está interesado.

Reconozca su postura. ¿Está encorvado y haciendo movimientos rápidos y bruscos? ¿Está agitado o juega con las manos? Si lo hace, ¡basta! Cálmese y respire. Tómeselo con calma. No se mueva nerviosamente o en movimientos rápidos. Estas acciones demuestran que no es estable. Pero cuando mantiene la compostura y muestra movimientos lentos, fáciles y seguros, esto le dice a la dama que usted es el hombre y lo sabe. Las mujeres identificarán esta cualidad masculina en usted de inmediato.

Otra cosa que mencionar sobre George Clooney es su voz. Sé que su voz no es un lenguaje corporal, pero lo importante es su tono. No son las palabras que usa, sino el tono de voz que hace caer a las mujeres.

Tiene un tono profundo y calmante que es fuerte y dominante. Al hablar en un tono bajo y profundo y hablar lentamente, crea tensión sexual. Puede establecer el estado de ánimo según su tono, hablando despacio y con tranquilidad, tomando pausas mientras habla y en voz baja. Imagine a George mientras habla y la reacción que recibe. ¡Inténtelo! Puede hacerlo. No hable demasiado rápido ni tartamudee cuando hable. Y, por favor, no vaya al extremo y suene como si estuviera simulando o fingiendo. Cuide su lanzamiento, bajo, no alto.

Otros machos alfa que hacen que las chicas se desmayen son Pierce Brosnan, Idris Elba y Brad Pitt. Idris Elba es un macho alfa que atrae a las mujeres con facilidad. Utiliza sus habilidades de encanto, confianza y contacto visual seductor para llegar a las mujeres.

Es atractivo para las mujeres porque exuda confianza en la forma en que camina, habla y mantiene un contacto visual atractivo. Él tiene un comportamiento fresco, tranquilo y recogido. Cuando mira a alguien, su mirada es intensa. Él es interesante, pero misterioso. Sabe lo suficiente como para gustar, pero no tanto como para evitar que desee saber más. Él tiene una energía estimulante que excita a las damas. Es competente, y su voz sexy con su tono profundo se ve realzada a medida que habla lentamente. No tiene que preocuparse por que se vea nervioso, porque no se inquieta. Y con un gran cuerpo y una sonrisa racionada, atrae a las mujeres. Él sabe cómo proyectar la impresión correcta.

Los estudios han demostrado que los hombres con mayor autoestima son más deseables y atractivos que los que no la tienen.

Su sentido de confianza y autoestima son sensuales, sin duda. En seis estudios de la revista, *Psicología evolutiva*, los hombres con niveles ostensiblemente más altos de autoestima fueron calificados como más atractivos y como parejas de relaciones más deseables que aquellos con niveles más bajos de autoestima.

Entonces, cuando entre en su cita, entre con fuerza y presencia. Acérquese a una mujer desde un ángulo, no desde atrás o de frente. Establezca contacto visual y mantenga la conexión y también tenga una expresión facial amigable. Sea abierto y acogedor con su cuerpo. No cruce los brazos y cruce las piernas. Esté relajado y tranquilo. Sea sólido con una postura de confianza. Mientras participa en la conversación, un toque ligero es suficiente para hacerle saber que está realmente interesado. El lenguaje corporal masculino dirigido hacia una mujer es muy atractivo. Esta masculinidad se presenta en los rasgos de caminar con propósito y tener esa postura relajada y abierta. Tome espacio y mantenga su mirada de interés. Y sonría solo en alguna ocasión. Su expresión debe dibujar misterio y curiosidad. Estas características, cuando se imitan, serán una atracción para las mujeres. Esto es arrogancia y confianza. Sepa que las mujeres son más observadoras de las acciones de uno que de las palabras de uno.

Una mujer alfa, de paseo por la noche, percibe al otro lado de la habitación, a un hombre en el que está interesada. Hace una pausa suficientemente notable como para que él se dé cuenta. Cuando lo hace, ella mantiene el contacto visual el tiempo suficiente para conectar. Esto debería ser de unos cinco segundos. Entonces ella mira hacia otro lado. Debido a que los hombres tardan un poco más en reconocer el mensaje no verbal, tendrá que repetirlo tres veces antes de que él reconozca su interés. Ella sabe lo que le gusta. Después de eso, ella le regala una leve sonrisa. Esta es una señal de que está bien.

Una respuesta subconsciente debe ser evidente, como un cambio en la postura que acentúa atributos como arquear la espalda, inclinar las caderas y jugar con el cabello. Todo esto se hace cuando una mujer encuentra a un hombre en el que está interesada. Si el interés es recíproco, él responde con cambios en una postura, como estar parado con su pecho y tocar su cabello. La interacción cara a cara dice que se relacionan entre sí. Cara a cara y pies apuntados en dirección al otro.

Sentarse uno frente al otro en una mesa fomenta la conversación, establece un buen contacto visual, libera la tensión y hace que cada uno se sienta más cómodo. Este es un buen arreglo al sentarse. Si está de pie, el caballero se coloca en un ángulo de 45 grados inicialmente y cara a cara a medida que aumenta el interés.

Su lenguaje corporal les dice a los demás cómo se siente, sus motivaciones, preocupaciones, cosas de las que es parcial y esas cosas que detesta. Su presentación, sin importar el entorno, debe ser la mejor presentación de usted mismo. Su carisma es lo que le conecta con los que lo rodean. Y como un alfa, debe ser capaz de atraer la atención y el interés de quienes lo rodean. Su presentación debe mostrar que usted es el alfa y está a cargo. Su presencia, actitud, postura y caminar deben concordar con su imagen de alfa. Como líder carismático, use muchas señales no verbales.

Usted se vuelve extremadamente agradable cuando usa los indicadores apropiados del lenguaje corporal. Una sonrisa sincera en el momento adecuado, un contacto visual optimista y una frente ligeramente levantada generarán una respuesta favorable. Una variación de los gestos y los ajustes del cuerpo opuesto son indicadores de interés, así como las comunicaciones no verbales, como girar los cuerpos entre sí durante el coloquio o mover la bebida de una persona a otra. Estos son movimientos que se interpretan como tener interés en la persona con la que usted está interactuando.

Capítulo 6: El lenguaje corporal en el trabajo: cómo ser memorable

¿Se pone usted nervioso cuando se prepara para una entrevista? ¿Cómo causa la impresión correcta y, con suerte, obtiene el trabajo? Puede hacer una marca notable incorporando algunas técnicas en su régimen. La primera impresión que da es importante. Se produce una impresión en los primeros siete segundos después de que alguien se encuentra con usted. Por lo tanto, su apariencia, presencia y lenguaje corporal tendrán un impacto inmediato. Debe tener un lenguaje corporal positivo durante una entrevista.

Según Sheryl Sandberg, es importante inclinarse durante una entrevista porque envía el mensaje de interés. Quiere enviar el mensaje correcto. Con suerte, usted también muestra confianza y ambiciones no verbales a través de su conversación. Su lenguaje corporal debe ser una confirmación de quién dice ser en su entrevista. Como se dijo anteriormente, la mayoría de la comunicación se produce a través del lenguaje corporal y el tono de voz en lugar de las palabras reales utilizadas. El estudio del comportamiento humano y los movimientos corporales se ha utilizado para investigar la influencia y el impacto de dicho movimiento en otros.

Así que cuando es entrevistado:

Establezca contacto visual

Al hacer contacto visual, envía el mensaje de que está seguro (incluso cuando no lo está). Mantener un buen contacto visual demuestra fortaleza y confianza. Tenga cuidado de no parecer incómodo y mirar fijamente, pero comunique con sus ojos que está concentrado y escuchando. Si le resulta difícil mantener el contacto visual, trate de concentrarse en el espacio entre los ojos.

Dé un firme apretón de manos

Estrechar la mano expresa firmemente que está confiado y seguro de sí mismo: un apretón de manos firme, ni débil ni apretado. No quiere dar un apretón de manos que grita inseguridad, tampoco quiere causar dolor. Entonces, tome la mano y sostenga firmemente mientras hace contacto visual. Si tiene las manos sudorosas, límpielas discretamente antes de dar la mano.

Respire

Antes de entrar, respire hondo, expanda su pecho y exhale lentamente. Andrew Weil, MD, autor de *Breathing: The Master Key to Self-Healing*, sugiere ejercicios de respiración, "ya que la respiración es algo que podemos controlar y regular. Es una herramienta útil para lograr un estado mental relajado y claro". Al hacer ejercicios de respiración, libera el estrés y puede concentrarse en la misión por delante. Limpie sus pensamientos. Y sea positivo.

Evite la inquietud

El movimiento excesivo es un signo de nerviosismo e incertidumbre. Este es el punto donde muchos sufren: el movimiento y la reacción incontrolables e inconscientes. Coloque los pies en ángulo recto en el suelo y ponga las manos en su regazo. No cruce su cuerpo. No cruce sus brazos sobre su pecho o sus piernas. Así se está alejando de los demás.

No divague

Responda con cuidado y solo lo que se le pide. No divague sobre otras cosas que no formaban parte del tema. Su discurso no debe ser sin rumbo, sino más bien una conversación intencionada e inteligente. Sea interesante.

Lenguaje corporal en reuniones de negocios

Dicen que las acciones hablan más que las palabras, y en una reunión de negocios, su lenguaje corporal dice mucho. Existe una forma adecuada y efectiva de comunicarse de esta manera que atrae la atención de quienes le rodean para transmitir el mensaje. Según diversos estudios de investigación, más del 90 por ciento de lo que decimos se hace a través de los movimientos de nuestro cuerpo, el tono de voz, las expresiones faciales y los gestos. Usted quiere dejar una impresión duradera en una reunión de negocios.

Camine como un alfa

Provoque una impresión cuando entre. Use una buena postura. Camine con altura y erguido. Para causar esa gran primera impresión, su entrada debe decirle a los demás que ha llegado un alfa. Al entrar, asegúrese de estar erguido y de que sus hombros estén hacia atrás. Su postura es importante, expresa su nivel de confianza. Recuerde: alto y orgulloso. Esto es lo que usted debe sentir y lo que su postura debe comunicar.

Salude con un apretón de manos

Como se indicó anteriormente, se prefiere un firme apretón de manos no tenue o aplastante. Quiere que lo respeten y que no lo vean débil o inseguro, ni agresivo ni demasiado confiado. El apretón de manos es también un indicador de personalidades. La persona cuya mano está arriba y con la palma hacia abajo usualmente tiene la ventaja.

Siéntese derecho

¡Siéntese derecho! No caiga, no se encorve, o incline. Esta es una actitud de desinterés y pereza. Carol Kinsey Goman, Ph.D., experta en lenguaje corporal, dice: "*Le hace parecer sumiso y como si no tuviera mucho que ofrecer, y esa no es una buena imagen para nadie, especialmente si está tratando de tener una presencia de liderazgo en su organización*". Sus pies deben estar plantados directamente en el suelo. No cruce las piernas, y si lo hace, solo en los tobillos. Si está de pie, manténgase erguido, con la cabeza hacia arriba, los hombros hacia atrás y el pecho hacia adelante. Así está enviando un mensaje de confianza.

Deje de cruzar sus brazos, deje de mostrar su actitud o inseguridades. (Goman) "La mayoría de la gente va a interpretar ese gesto como resistente o cerrado".

No se distraiga

No envíe mensajes de texto, correos electrónicos o juegos en el teléfono, tableta o computadora durante una entrevista. Preste atención, sepa lo que está pasando y haga contacto visual con el orador. Sus distracciones son irrespetuosas y distraen a los demás. Está dejando una impresión por sus acciones. Cualquier forma de inquietud muestra aburrimiento.

Mantenga el contacto visual

Ya sea que se reúna individualmente o en grupo, el contacto visual es imperativo. No mire de lado a lado o hacia abajo. Se interpreta como que usted no es alguien en quien se pueda confiar, ni debe parecer como perdido en el espacio. Esto realmente transmite que está perdido.

No se descalifique

Comprométase, sea parte de la reunión. ¡Hable! "Diga algo antes. Solo saque su voz, incluso si es algo que no es crucial para la conversación. Debe ser vocal y participar porque a menudo es más difícil participar a medida que avanza la reunión". (Goman) Usted desea ser memorable.

Presentaciones

¿Cómo hago una buena impresión en mi presentación? ¿Qué movimientos corporales utilizó para transmitir el mensaje que debo dar? Al retratar una visión de fortaleza, también desea parecer cómodo y seguro. Ser un alfa en cualquier entorno debe enviar el mensaje de que usted se siente cómodo en su propia piel. Esto es lo que es y no lo que está tratando de ser. Entonces, relájese. Use los gestos de las manos con moderación. Cuantos menos gestos, más impacto tendrán.

Usted es un líder y, como presentador, use la sala como si fuera la suya. Maximice el espacio caminando y proyéctese. La capacidad de moverse y utilizar la sala da presencia y demuestra que usted es el líder y está a cargo. Tome el mando de su espacio y siéntase cómodo. Tenga cuidado. Nuevamente, use la moderación, no exagere y corra sin rumbo. Sea decidido y utilícelo a su favor.

Su cara dice mucho

Las expresiones faciales dicen las cosas que su boca no dice. Si sonríe en los puntos apropiados o levanta la frente para cuestionar una respuesta, su expresión es una confirmación del mensaje enviado. Los espectadores ven su expresión e internalizan el significado.

Ser alfa es parte de toda la persona. El lenguaje corporal de un alfa exige atención y respeto. Si bien algunos aspectos pueden cambiar en diferentes circunstancias, es casi lo mismo la mayoría del tiempo. Lleve su confianza a cada situación, ya sea en un entorno social, una reunión de negocios o incluso en sus interacciones personales. Cómo las personas lo perciben se basa en todas estas actividades por igual.

Si bien puede modificar sus expresiones para que sean más serias en un entorno profesional, sus expresiones reflejan su naturaleza como persona. Una sonrisa en el momento adecuado da una señal de bienvenida sin decir una palabra. Una ceja levantada con una sonrisa de una mujer que lo mira a los ojos dice que está interesada.

El verdadero alfa entiende la implicación del lenguaje corporal y también es un experto en la etiqueta empresarial. Él entiende que el lenguaje corporal es tan importante que podría tener un gran impacto en los negocios. Esto también es parte de la etiqueta de negocios. La forma en que actúa durante las interacciones profesionales tiene implicaciones en la culminación de las relaciones. Si entiende el lenguaje corporal y su impacto, le ayudará a navegar a través de transacciones difíciles.

Se entiende que su postura mientras está de pie y caminando es de fuerza y dominio, pero ¿qué pasa cuando está sentado? Si bien hay muchas maneras diferentes de posicionarse, ¿cuál es la más poderosa o la más ventajosa? Una postura fuerte, incluso cuando está sentado, es importante. En reuniones de negocios, esté atento con una postura erguida y observadora. Esto significa sentarse con la espalda recta. Sus piernas deben estar cuadradas en el piso. No se inquiete ni esté agitado durante una reunión. Este es un signo de nerviosismo o ansiedad. Hay un margen para cruzar las piernas a nivel de los tobillos. No cruce las piernas por la rodilla.

Además, las manos son comunicadoras y hablan incluso cuando no queremos que lo hagan, así que manténgalas en su regazo a menos que sea en un esfuerzo de expresión controlado. Evite hacer movimientos erráticos o bruscos con las manos. No hable con las manos ni señale. Evite movimientos que distraigan. Sus manos no deben ser reposacabezas o soportes de cadera. No cruce los brazos ni ponga las manos en los bolsillos. Esta es una posición reconocida como cerrada. Sus manos deben estar en una posición que esté abierta. De lo contrario, mantenga sus manos dobladas en su regazo.

Cuando esté de pie, no ponga las manos delante de sus genitales y no sostenga objetos delante del cuerpo. Ambas posturas distraen. Uno da la apariencia de debilidad porque evita que se mantenga erguido y empuja los hombros hacia el frente en lugar de hacia atrás. El otro indica que tiene algo que ocultar o que se esconde detrás del artículo para dividirlo a usted y a los demás.

Se requiere reconocer las restricciones espaciales y la etiqueta espacial durante las reuniones de negocios. Las limitaciones del espacio social son apropiadas aquí. Este es el espacio de 121 cm o 1.21 m que rodea a una persona inmediatamente. Cuando se ha violado el espacio de una persona, pueden retroceder o inclinarse. Esto es una indicación de que la comodidad espacial ha sido alterada.

Mantenerse derecho y erguido es importante. Su postura debe enviar el mensaje de confianza, poder y respeto. Cuando camine, debe ser lento y con un propósito, no demasiado rápido o errático. Cuando esté sentado, siéntese derecho y erguido. Sea atento. Sepa dónde poner sus brazos y no los deje moverse sin rumbo. Su comportamiento debe ser uno de facilidad y relajación. Usted tiene el poder, así que sepa aprovecharlo.

Conclusión

Gracias por llegar hasta el final del libro, *Lenguaje corporal: Desvelando los secretos de la comunicación no verbal en un macho y hembra alfa, incluyendo cómo analizar personas, mejorar sus habilidades sociales y desarrollar carisma.* Esperemos que haya sido informativo y capaz de proporcionarle todas las herramientas que necesita para lograr sus objetivos, sean cuales sean.

El siguiente paso es hacer que estos rasgos y características de un alfa formen parte de usted. Construya su confianza. Simule esta faceta hasta que lo consiga. Practique su postura, camine con confianza y crea dentro de usted que es un alfa. Vístase para impresionar y no para estar a la moda. Cuide su apariencia física. Practique diariamente siendo el alfa que desea ser. Recite afirmaciones y crea que es un alfa. Cuando pueda verse a sí mismo como un alfa y crea que lo es, los demás también lo verán de esa manera. Recuerde, es en el contacto con los ojos, presencia, postura, facilidad, expresión facial y un apretón de manos donde usted podrá mostrar su faceta alfa.

Y finalmente, si encuentra que este libro le fue útil de alguna manera, ¡se agradecerá su reseña en Amazon!

www.ingramcontent.com/pod-product-compliance
Lightning Source LLC
Chambersburg PA
CBHW030134100526
44591CB00009B/654